글 김종원

인문학 공부를 하면서 말의 중요성을 깨달아 말의 힘과 삶의 지혜를 전하는 책을 쓰고 강연을 합니다. 어린이들이 하루하루 아름답게 살아가길 바라는 마음으로 『김종원의 예쁜 말 시리즈』를 쓰고 있습니다. 쓴 책으로 『나에게 들려주는 예쁜 말』 『서로에게 들려주는 따뜻한 말』 『친구에게 들려주는 씩씩한 말』 『아이에게 들려주는 부모의 예쁜 말 필사 노트』 『부모의 말』 『매일 아침을 여는 1분의 기적』 『어린이를 위한 30일 인문학 글쓰기의 기적 시리즈』 등 100여 권이 있습니다.

그림 나래

대학에서 회화를 전공하고 다양한 방식으로 그림을 그립니다. 일상의 귀여움을 좋아하며, 그림으로 이야기 전달하는 것을 좋아해 그림책을 만들고 있습니다. 그린 책으로 『나에게 들려주는 예쁜 말』 『서로에게 들려주는 따뜻한 말』 『친구에게 들려주는 씩씩한 말』 『아침에 들려주는 예쁜 말』이 있습니다.

김종원의 예쁜 말 시리즈 ⑤
밤에 들려주는 예쁜 말

1판 1쇄 펴냄 2025년 8월 20일

글 김종원 | **그림** 나래
펴낸이 김병준 · 고세규 | **편집** 이지혜 · 박준영 | **디자인** 이소연 · 김경민 | **마케팅** 김유정 · 신예은 · 최은규
펴낸곳 상상아이 | **출판등록** 제313-2010-77호(2010. 3. 11.)
주소 서울시 마포구 독막로6길 11, 우대빌딩 2, 3층
전화 02-6953-8343(편집), 02-6925-4188(영업) | **팩스** 02-6925-4182
전자우편 main@sangsangaca.com | **홈페이지** http://sangsangaca.com

ⓒ 김종원 · 나래, 2025

* 이 책은 저작권법에 의해 보호를 받는 저작물이므로
  저자와 출판사의 허락 없이 내용의 일부를 인용하거나 발췌하는 것을 금합니다.
* 책값은 뒤표지에 있습니다.
* 잘못된 책은 구입하신 서점에서 교환해 드립니다.
* KC마크는 이 제품이 공통안전기준에 적합하였음을 뜻합니다.

ISBN 979-11-93379-56-1 74810

상상아이 는 상상아카데미의 그림책 브랜드입니다.

글 김종원 · 그림 나래

상상아이

예쁜 말을 하는

_____ 에게

차례

작가의 말 하루를 뿌듯하게 마무리하는 22가지 마법 ★ 10

나와의 약속을 지켜요 ★ 12
세상에서 가장 예쁜 정원 ★ 14
내 마음은 이미 축제 ★ 16
달라서 특별하고 소중해요 ★ 18
나는야, 사람 부자! ★ 20

오늘의 마음 일기 ★ 22
미안하다고 말해요 ★ 24
실수 덕분에 빛나는 나 ★ 26
하루를 돌아보는 시간 ★ 28
행운 손님 맞이하기 ★ 30
하루에 하나씩 칭찬해요 ★ 32

별님과 눈인사해요 ★ 34

내일로 미루지 않아요 ★ 36

미리 준비하는 하루 ★ 38

방 정리 마음 정리 ★ 40

내 몸은 소중해요 ★ 42

이불처럼 따뜻한 사람 ★ 44

가볍게 운동해요 ★ 46

밤하늘과 어깨동무 ★ 48

전자 기기 없이 달님을 만나요 ★ 50

예쁜 생각을 베고 자요 ★ 52

모두 모두 잘 자요 ★ 54

맺음말 매일 밤 나에게 들려주세요 ★ 56

 밤에 들려주는 예쁜 말 선물 ★ 58

작가의 말

하루를 뿌듯하게 마무리하는 22가지 마법

오늘 어떤 하루를 보냈나요?
신나는 일, 멋진 일도 있었지만
마음이 상하는 일도 있었을 거예요.

밤에 가족과 보내는 시간은
무엇보다 소중해요.
오늘 겪은 일에 대해
이야기를 나누면
고민도 해결할 수 있고
친구랑 다퉈서 속상한 마음도
편안하게 내려놓을 수 있어요.

밤은 오늘을 정리하고
내일을 준비하는 시간이에요.
밤에 나에게 예쁜 말을 들려주면
내일은 오늘보다 더 빛날 거예요.

이 책에 나오는 22가지 예쁜 말을 마음에 담아서
더 크고 단단한 사람이 되기로 해요.
그리고 이 사실도 잊지 말아요.

"예쁜 생각을 하나 할 때마다
예쁜 꽃이 내 마음에 피어나요."

김종원

나와의 약속을 지켜요

"우리, 좀 더 같이 놀자!"
집에 돌아가야 하는데
친구가 더 놀자고 하면 어떡하죠?

거절하면 친구가 속상할까 봐
쉽게 말하기 힘들 수 있어요.
하지만 그럴 때도 친구에게
내 생각을 분명히 전해야 해요.

"나는 9시에 자야 해.
그러려면 지금 집에 가서
저녁밥을 먹어야 해.
우리 내일 또 재미있게 놀자."

지혜로운 사람은
나와의 약속을 지켜요.

내일 또 만나!

세상에서 가장 예쁜 정원

가족과 식사할 때
서로에게 예쁜 말을 들려주면
어떤 일이 생길까요?

"다 같이 모여서
밥 먹는 시간이
하루 중 가장 행복해요."
"엄마 아빠가 있어서
제 마음이 든든해요."

맛있는 음식을 먹으며
서로에게 예쁜 말을 들려주면
함께 식사를 즐기는 식탁이
세상에서 가장 예쁜 정원이 됩니다.

내 마음은 이미 축제

저녁 시간이 되면
온 가족이 모여요.
같은 공간에서 마주 보며
소중한 마음을 나누어요.

함께 있다는
사실 하나만으로도
내 마음은 이미 축제예요.

가족과 예쁜 말을 나누며 웃어 보아요.
"난 우리 가족이 정말 좋아요."
"엄마 아빠가 언제나 네 곁에 있을게.
걱정하지 말고 편히 자렴."

모두가 함께 있어
저녁 시간이 더욱 빛나요.

달라서 특별하고 소중해요

보름달, 반달, 초승달…
밤하늘을 밝게 비추는 달은
모양에 따라 이름이 달라요.
달라서 모두 특별하지요.

동그랗게 빛나는 달도 특별하고
눈썹처럼 빛나는 달도 특별해요.

특별하다는 건
다르게 빛난다는 말이에요.
달이 그 자체로 빛나듯
나도 나 자체로 빛나요.

저마다 특별하고 소중한 달처럼
나는 이 세상 그 어떤 것보다
소중한 존재예요.

나는야, 사람 부자!

세상에서 가장 큰 부자는
매일 밤 잠자리에서 떠올릴
좋은 사람이 많은 사람이에요.

내 곁에 있는 좋은 사람들은
어려운 일이 생길 때마다
나를 포근하게 안아 주어요.

나는 '사람 부자'예요.
예쁜 말을 들려주고 싶은
사람이 많으니까요.

나를 지켜 주는
고마운 사람들이 있어서
내 하루는 더욱 값져요.

오늘의 마음 일기

동생이랑 더 놀고 싶고
게임도 더 하고 싶지만
하루를 끝내는 밤에는 일기를 써요.

어렵게 생각할 필요는 없어요.
일기는 그날의 마음을
글로 쓰는 거예요.
내 마음을 있는 그대로 표현하면 돼요.

기억하고 싶은 순간이나
고마웠던 일을 써 보아요.

일기를 쓰면
내 소중한 하루를
평생 기억하며 남길 수 있어요.

미안하다고 말해요

형제끼리도
온종일 같이 지내면
싸우고 화낼 수 있어요.

화는 쌓으면 안 돼요.
쌓이고 쌓이면 나중에
화산처럼 폭발하니까요.

"오늘 내가 못된 말을 해서 미안해.
내일은 서로에게 꼭 예쁜 말만 들려주자."
"조금 속상했지만 괜찮아.
우리 앞으로 조금씩 양보하며 지내자."

미안한 일이 있으면
그날그날 사과해요.
예쁜 말로 사과하면
내 마음에 꽃향기가 나요.

실수 덕분에 빛나는 나

나는 오늘도 실수로
우유를 쏟고, 맞춤법을 틀리고,
화장실을 물바다로 만들었어요.

별이 빛나는 건
깜깜한 밤하늘 덕분이에요.

실수해도 괜찮아요.
실수 덕분에 나라는 존재도
밤하늘의 별처럼 빛날 수 있어요.

실수해도 포기하지 않아요.
세차게 퍼붓는 비에도 지지 않는 꽃이
마침내 자신을 예쁘게 피우니까요.

하루를 돌아보는 시간

"친구에게 좀 더 다정하게 말할걸."
"오늘도 선생님 말씀을 안 들었어."

하루를 더 행복하게 살고 싶다면
그날의 실수와 잘못을
반성하고 지나가야 해요.

반성은 나를 더
단단한 사람으로 만들어요.

매일 밤 하루를 돌아보는 시간을 가져요.
자신이 무엇을 반성해야 하는지
제대로 아는 사람의 하루는
값진 행복으로 가득해요.

행운 손님 맞이하기

발표도 잘하고 싶고

그림도 잘 그리고 싶은데

마음처럼 되지 않을 때가 있어요.

그런 날에는 기분이 좋지 않아요.

처음부터 잘할 수는 없어요.

한 걸음씩 용기를 내면

뭐든지 해낼 수 있어요.

모두의 인생에는

행운이 깃드는 순간이 있어요.

행운이라는 손님을 멋지게 맞이하려면

평소에 '노력'이라는 준비를 해야 해요.

오늘 하루도 잘했어요.

내일도 잘할 거예요, 다 잘될 거예요.

하루에 하나씩 칭찬해요

칭찬하는 건 생각보다 어려워요.
칭찬하고 싶은 부분을 찾아서
말로 표현해야 하니까요.

하루를 끝내며
서로 칭찬하는 시간을 가지면
마음이 더 예뻐져요.

"네가 스스로 방 정리한 걸 칭찬하고 싶어."
"책을 재미있게 읽어 주셔서 고마워요."
"맛있는 요리를 해 주셔서 감사해요."

사랑하는 사람에게
칭찬이라는 좋은 마음을 주면
더 좋은 마음을 선물로 받아요.

역시 최고야!

별님과 눈인사해요

밤하늘을 보세요.
반짝반짝 빛나는 별이 보이나요?

눈을 뜨고
고개를 들어야
두 눈 가득 빛을 담을 수 있어요.

속상한 하루를 보냈어도
후회되는 하루를 보냈어도
잠들 때는 모든 시름을 잊어요.

별님과 눈인사를 나누며 말해요.
"오늘도 소중하고 빛나는 하루였어."
내일은 오늘보다 더 멋진 하루가 될 거예요.

내일로 미루지 않아요

"숙제 다 했니?"
부모님은 밤이 되면
그날 꼭 해야 할 일들을
다 했는지 물어봐요.

"아, 귀찮아서 하기 싫은데!"
오늘 할 일을
내일로 미루면
점점 게을러져요.

나는 오늘 할 일을
내일로 미루지 않아요.
그날그날 최선을 다해서 해내요.

오늘 할 일을 다 하고 잠자리에 들면
뿌듯하게 하루를 마무리할 수 있어요.

오늘 할 일 끝!

미리 준비하는 하루

'현재'는 세상에서 가장 비싼 단어예요.
지금을 어떻게 사느냐에 따라서
내일의 가치가 달라지기 때문이죠.

미리 준비한 사람에게는
더 좋은 기회가 찾아와요.

"준비물은 다 챙겼나?"
"내일은 어떤 옷을 입을까?"
"내일 꼭 해야 할 일은 뭐지?"

멋진 내일을 위해
모든 준비를 마쳤나요?
미리 준비하고 계획한 사람에게는
언제나 좋은 소식만 가득할 거예요.

방 정리 마음 정리

내 방이 어지러우면
내 마음도 어지러워요.

방을 깨끗하게 정리하면
마음이 맑아져요.
마음이 맑아지면
나쁜 감정이 들어오지 못해요.

정리하는 습관은 내 하루를
맑은 희망으로 채워 줘요.

서두르지 말아요.
지루해도 참아요.
좋은 습관을 가지려면 시간이 필요해요.

내 몸은 소중해요

눈에 보이지 않지만
우리 몸 여기저기에는
수많은 세균이 있어요.

밤은 쉬는 시간이면서
동시에 내가 자라는 시간이에요.
깨끗하게 씻으면 잠도 잘 오니까
더 크고 멋지게 자랄 수 있어요.

나는 언제나 내 몸을 깨끗하게 씻어요.
내 몸을 소중히 여기고
있는 그대로 감사하며 사는 것이
나를 사랑하는 최고의 방법이에요.

이불처럼 따뜻한 사람

눈빛이 이불처럼 따뜻한 사람이 좋아요.
나도 그런 사람이 되고 싶어서
매일 잠들기 전에
따뜻한 말을 내게 들려줘요.

"다 괜찮아. 난 지금 잘하고 있어.
내가 나라서 행복해."
"잘해도 멋지고 못해도 멋져.
결과보다 도전 자체가 중요한 거야."

고요한 밤에
사랑 가득한 말을 들려주면
아름다운 꿈이 시작될 거예요.

가볍게 운동해요

학교에 가고 책을 읽고
친구들이랑 놀고…
하루 동안 우리 몸은
참 많은 일을 해요.

잠들기 30분 전에는
그날 쌓인 피로를 풀어 주는 게 좋아요.
긴장했던 몸과 마음이 풀어지면
편안하게 잠들 수 있어요.

가족과 함께 가볍게 운동하면
서로의 마음까지 연결되는 것 같아요.
가벼운 운동은 예쁜 말과 같아서
내 마음을 더 튼튼하게 해 줘요.

밤하늘과 어깨동무

처음에는 혼자 자는 게
무섭고 두려울 수 있어요.
용기를 내서 반복하다 보면
점점 익숙해질 거예요.

자전거를 배울 때도 마찬가지예요.
처음에는 무섭지만
결국 바람과 어깨동무를 하며
쌩쌩 잘 탈 수 있어요.

밤하늘과 어깨동무를 한다고 생각해 봐요.
잠이 솔솔 나를 찾아와요.

"두렵지 않아요. 무섭지 않아요.
나는 내가 알고 있는 것보다
더 똑똑하고 용감해요."

전자 기기 없이 달님을 만나요

잠들기 1시간 전에는
전자 기기를 사용하지 않는 게 좋아요.
잠들 때까지 전자 기기를 사용하면
다음 날 아침에 몸은 찌뿌둥하고
머리는 지끈거려요.

"나는 전자 기기 없이
저 하늘에 뜬 달님처럼
예쁘게 누워서 잠들 거야."

오늘은 행복하게 웃으며
즐거운 꿈나라로 떠나요.

예쁜 생각을 베고 자요

나에게는 행복의 비결이 있어요.
바로 내일의 행복을 키우는
예쁜 생각을 베고 자는 거예요.

"나는 나라는 이유만으로도
사랑과 배려를 받을 자격이 있어요."
"나는 매일매일 더 멋지게 자라요.
나를 아낌없이 사랑할 거예요."

내일은 행복할 일이
얼마나 더 많이 생길까요?
예쁜 생각을 포근히 베고 잠들면
내일 아침 커다랗게 부풀어서
웃음꽃이 팝콘처럼 터질 거예요.

모두 모두 잘 자요

이 세상에서
나를 가장 사랑하는 사람은 부모님이에요.
내가 아플 때나 슬플 때도
언제나 곁에서 지켜 줘요.

매일 밤 부모님에게
고마운 마음을 담아 인사해 봐요.
"사랑해요, 안녕히 주무세요.
내일 반가운 얼굴로 만나요."

그러면 부모님도 내게
좋은 마음을 나누어 줄 거예요.
"엄마 아빠도 네가 있어서 참 행복해."

사랑하는 마음을 자주 표현하면
웃을 일이 점점 많아질 거예요.

맺음말

매일 밤 나에게 들려주세요

밤은 하루의 마지막 장면이에요.
그래서 더욱 나에게 예쁜 말을 들려줘야 해요.
오늘 지나간 하루는 다시 돌아오지 않으니까요.

하루하루 최선을 다해서
열심히 사는 사람은 언제나
자신에게 예쁜 말을 들려줘요.

내가 열심히 사는 이유는
세상을 바꾸기 위해서가 아니에요.
세상이 마음대로 나를
바꾸지 못하게 하기 위해서예요.

하루를 열심히 살아가는 사람만이
자기 자신을 지킬 수 있어요.

나는 이 말을 평생 기억할 거예요.
"세상에 울고 떼써서
해결할 수 있는 문제는 없어요.
성실하게 주어진 일을 해내고
차곡차곡 실력을 쌓을 거예요."

매일 밤 나와 가족에게
사랑을 전하는 말,
용기를 주는 말을 들려주면서
하루를 멋지게 마무리해 보세요.

여러분의 멋진 밤을 응원할게요!

밤에 들려주는 예쁜 말 선물

모두가 잠들 준비를 하는 밤이에요.

오늘 하루를 알차게 보낸 나에게 해 주고 싶은 말을 적어 보세요.

가족이나 친구에게 하고 싶은 말을 적어도 좋아요.

에게

가족들에게 밤 인사를 건네 볼까요?
문 안내판에 인사말을 적고 예쁘게 색칠해요.
파랑 테두리를 따라 오린 뒤에 내 방문에 걸어 두세요.

예) 좋은 꿈 꾸세요. 오늘 하루 고마웠어요.

*부모님께 도움을 받아 테두리를 잘라서 선물해도 좋아요.

서로에게 따뜻한 밤 인사를 건네면
하루를 기분 좋게 마무리할 수 있어요.

오늘은 어떤 하루를 보냈나요? 몇 번이나 웃었나요?
'나를 기쁘게 한 것'을 떠올려 보고, 그림을 그리고 이름을 붙여 보세요.

*예시를 참고해서 그리고 쓰세요.

새콤달콤 딸기   화단에서 만난 달팽이   친구가 건넨 쪽지